사탕 막대로 이루어진 막대사탕

# 사탕 막대로 이루어진 막대 사탕

장이소 시집

시인수첩 시인선 **102**

여우난골

| **시인의 말** |


막대 하나가 손안에 들어와… 네 손을 잡고 가

2025년 12월

장이소

| 차 례 |

시인의 말 · 5

# 1부

간판에 걸려 있어 · 13

자주 — *상자의 기술* · 14

자주 — *간발* · 18

아주 작은 발견 · 20

두부의 · 23

공놀이 · 26

간섭 · 30

발현 · 32

공손한 그레이 · 36

바다만 남은 · 39

바나나 함수 · 42

방목 · 44

## 2부

달 사람 · 49

정거장엔 꼭 나무가 있었으면 해 · 52

좌표 · 55

자주 − 유령 · 58

파이에서 살아남기 · 61

줄넘기 · 64

자주 − 慈主 · 65

소음 · 68

재발견 · 71

도넛의 생물 이야기 · 74

오후는 백 원이 모자라 · 77

상자의 가정법 과거완료 · 80

*change, exchange* · 82

# 3부

안개 · 87

이름은 얼마나 많은 비를 몰고 오는 구름인가 · 90

자주 — 非 · 92

자주 — 自註하는 사물들 · 95

먼지 · 98

토마토를 연습하는 사과 · 100

자주 — 울대처럼 울데 · 102

정기적인 훈련과 비정기적인 사냥 · 104

자루라는 책 · 106

위시본 · 109

로시난테 홀로그램 · 112

자주 — 해와 경우의 수 · 113

냄비의 귀 · 116

자주 — 적 · 118

너의 저녁으로 갈 것이다 · 120

# 4부

자주 — *time after time* · 125

자주 — *지루한 사랑* · 126

자주 — *自做* · 128

일방통행 · 129

꿈의 열쇠 · 132

풀 그리는 법 · 136

자주 — *의* · 140

껐다 켜기 · 142

사탕 막대로 이루어진 막대사탕 · 145

pause pose · 148

빙하의 빙하 · 150

언더바에서 하이픈 · 152

**산문 | 장이소**
자주는 자주를 만나 · 155

# 1부

# 간판에 걸려 있어


코끝에서 얼마나 멀리 갈 수 있나
향수를 향수로 쓰고 싶다

온천동 어디쯤 되었을 때였다 차창 너머로 내 이름이 간판에 걸려 있었다

틀릴 수도 있지만
다른 서랍을 열게 하는

우리로 하여 별을 믿게 하시는군요

저 별빛은 나를 향해 오래전에 출발했을 것이다 한 번의 믿음은 얼마나 큰 의심을 샀을까

밤에 비친 별
찬란한 건 믿고 있는 것을 믿고 있는 것이다

사랑하기 전부터 사랑했나
모르는 내가 어김없이 나온다

## 자주
―*상자의 기술*

***1:1***

내 상자가 어디 있지? 중요한 것을 자꾸 잃어버렸던 소는 상자를 만들어 상자에 넣어 두기로 한다 그런데 그 사실을 자꾸 잊어버린다

수는 기억을 더듬는다

그때 넣어 둔 것을 지금 열어 본다면 추억이 되겠지
잊어버린 것이 잃어버린 것을 찾게 하듯이 열어 보기 전까지는 알 수 없으므로
알 수 없음이 상자를 열게 한다.

생각하며 날마다

너는 대체 어디 있니? *나는 어디에나 있습니다!*
들고 날 때마다 반복해도 달아나는 당신을 가두고 싶었다, 고 말하며 보여준다

상자를 닫아 상자를 길들이는 방식으로
한 번에 꼭 하나씩 열어


*1∩1*

 상자 안에 있을 때 소는 다음 세계를 알 수 없다 대중은 새로움을 원하지만 어떤 새로움을 원하는지 모르는˚ 것처럼

 상자 속에 상자, 그 속에 또 상자를 두고 싶다
 옥탑방 아래 난간 아래 계단 아래 언덕, 그 위에 지붕 위에 고양이 위에 구름 위에

 달은 있거나 있었으므로

 소와 수는 각자의 달을 꺼내곤 했다

손바닥에 붙은 눈꺼풀처럼 통, 한다는 말은 상자에서 시작되었으므로
 손의 입장에서 서랍도 상자의 변형인 것처럼 방이 변한 게 아니라 방식이 변한

 머그와 컵처럼
 나는 어디에나 있습니다!

 상자를 조감한다 탑을 돌듯이


*1U1*

 상자는 역시 상자와 어울린다
 소에겐 항상 수가 있듯이 같이 있고 함께 할 수 없어
 지금 넣어 둔 것을 다음에 열어 보기 위해 그들은 상자를 닫는 걸까

소의 빈 상자는 한 번도 비어 있는 적이 없었다 수가 보면 비어 있어 좋다는 말은 채울수록 좋아진다
 상자에서 보면 단점이 꼭 장점이 되듯이

 *나는 어디에나 있습니다!* 어디에도 없을 때

 내 이름으로 엄마를 부르곤 했다 하나는 하나로부터 나와 하나로 이루어져 있고 전부라는 말은 소와 수 같아서

 상자는 보여주고 싶다 한 번에 남김없이




* 스티브 잡스.

# 자주
―간발

　기차를 선택했다. 강릉을 선택했고 그다음 떡볶이를 선택했다. 그런 다음에 우리는 자주 그런다. 떡볶이를 먹으러 강릉에 가기로 한다, 기차를 타고. 드디어 강릉하고도 시장 안, 떡볶이집으로 들어가려 할 때였다. 눈앞에서 그런다, '떡볶이는 생각하지 마세요'. 생각하지 말라고? 여기까지 떡볶이만 생각하고 왔는데!? 생각하지 말라는 말은 줄을 서서도 생각하게 만들지만 생각해 보니 생각 속에는 그게 없는 것 같다. 무엇이든 생각하고 난 다음에 있거나 그전에 있었던 것 같다. 전혀 다른 둘이 있다면 그래서 만나게 되는 것처럼 떡볶이집엔 '떡볶이는 생각하지 마세요'와 '제발 떡볶이랑 같이 먹지 마세요'가 있었다. 당근 함께 먹었다. 우리는 자주 그런다. 그런 다음 각자 소감을 말하는 시간을 가졌는데 일행 중 한 사람이 '떡볶이는 생각하지 마세요'보다는 '떡볶이를 생각하지 마세요'가 맞는다고 했다. 그러자 다른 한 사람이 '떡볶이는'과 '생각하지 마세요' 사이에 '떡볶이를'이 생략되었을 수도 있으므로 그대로 충분하다는 이견을 내어놓았다. 그러든지 말든지… 나는 생각 속에는 떡볶이가 없어서 떡볶이를 생각하며 먹었다고 말하고 말았다. 우리는 자주 그런다. 붉고 붉어서 자주 희다. 이유는 충분해서 달콤하고, 맵고 부드럽지만 쫀득한 것처럼. 비슷하지만 비슷하다는 걸 구별할 수 있게 둥글고 길지만 길지 않은 기차를 타고 가는 것처럼.

\* 떡볶이집 이름.

# 아주 작은 발견

하나는 갇혀 있고 다른 하나는 가둔다 함께 있으면

그게 그거 같기도 한데 한쪽에서 보면 잘 보이는 내가 보이지 않아

뜨려 하면 가라앉고 가라앉으려 하면 뜨는 것이 아마도 나를 물로 보는 것이다

그저 그냥 '바라보기'보다 '찾았다'라고 보면 아주 작은 나는 네가 아니야 물을 물로 보지 못하는 것이

구석은 어느 구석으로 사라진 것일까

주먹을 불끈 쥐고 어디서든 살아내고 싶을 뿐인데 그게 뭐든 이해가 필요하다고

구석구석 차오르는 것이다

한 바퀴를 돌면 한 장의 파노라마를 완성하는 것일까 나는 당신의 밑도 끝도 없는 구멍이 구석구석 마음에 듭니다

입으로 들어오는 것이다 귀에 들어오는 것이다 이미 아무 말을 할 수도 들을 수도 없게

얘야 세상이 다 네 맘 같을까 빤히 들여다보는 어항 같은 것이 그렇다고 빠져 죽을 수도 없는

내가 보입니까

심심한 어항 속에도 구석이 필요해 나는 발 달린 물고기처럼 걸려 넘어지는 것이다

물은 물고기처럼 도망 다니고 가만히 서 있기까지 고백하건대

상상할 수 없는 당신의 그런 미소가 구석을 물들이기까지

아무거나 하게 만드는 것이 자유롭게 서기 위해 걷는 연습을 하고 있는 것이다

가라앉기도 뜨기도 하면서 숨기도 찾기도 하는 것이 마치 다알리는 것처럼

오늘은 처음입니다

함께라면 함께해요

이건 치료요법이고 여긴 치료제라 생각하는 것이다

# 두부의

 두부를 팔았다 한때 정신을 팔듯이 살다 보면

 날짜가 넉넉했으면 좋겠다 살 때는 남은 시간만을 고르곤 하다가

 팔다 보면 버리지 못해
 지나버린 것을 먹곤 했다 그렇게 해서라도 값을

 따져 물었나

 차가워서 신선하다는 말은 우유같이 의심스러워, 좋아서 사랑한다는 말처럼

 덤덤하고 무덤덤한

 두부야
 삼키면 비가 될까?

뭉게뭉게 녹아내리는 덩어리가 되고 싶을 때 분별없이 먹어 치우곤

끓었다 식으면 반듯해져야 한다

그렇게 쉽게 뭉그러지진 않겠다 잡고 싶은 것을 떠올리며 모서리를 지나 본 경험들을

내가 낳은 방이라 믿는 모양이었다
모이면 집이 되는

기억은 시간을 공간으로 바꾸어 놓아야 안심할 수 있어*
냉장고를 빌리지만

달력을 넘기면서 나는 또 날을 넘겼다 버려도 안을 수 없는 날이 더 많아

돌릴 수 없는 일이 되기도 한단다

캔의 뚜껑을 따듯이

엄격한 사람만이 관대해진다는 말을 이해하려고 꼭꼭 씹어 먹는다 우유를

오래 씹을수록 두부가 자라는 것 같다

* 신형철, 『몰락의 에티카』.

# 공놀이

우리가 탄 차의 보닛과 하늘만 보일 때

하나는 손바닥 위에 있고 다른 하나는 발바닥 밑에 있었다 샌프란시스코였다 샌프란시스코는 샌프란시스코에 있지만 영화에 항상 나오는 인물이고

영화는 영화 밖에서만 영화를 보여준다

\*

아이들과 신문을 이어 붙여 제 몸이 들어갈 만한 주머니를 만들었다 만들고 보니 배 같기도 하다 어디로 가고 싶은지 가르쳐주지 않았는데 올라탄다 그리고 다시 머리를 박고 뒤집어쓴다 무슨 볼일인지 아이들은 그 속에서 소곤소곤 혼잣말이다가 까르르 웃기도 숨을 죽이기도 하다가 계속 고래를 몰고 다닌다 옆구리가 터지기도 하면서 꼬리를 들키기도 하면서… 가라앉았나 싶었는데 건재하다 안팎으로 무언가가 있는 모양이다 얇은 종이 사

이로 본 적 없지만 있는, 모양을 알 수 없고 움직이는…  무엇을 보았는지 아이가 손가락으로 구멍을 내기 시작했다 아이들은 천재들이고 실험은 스스로 완성되기에 구멍이 구멍 뚫는 것을 도와주고 있었다 이걸 공이라 한다면 아이들이 공을 부수며 뛰쳐나왔다 그 표정을 보았더라면

\*

우리는 아무 생각이 없고 그 대신 람빵에 갔다 왓 찰롬 프라킷을 위해 썽태우에 짐짝처럼 실려 가서 바위 위에 아슬아슬하게 지어진 그곳에 발을 디뎠을 때 사원의 지붕은 하늘로 뚫려 있고 천 개의 쇳조각들이 바람에 부딪히는 소리를 냈다 서까래에 대들보에 기둥에 묶인 오색 천들이 미친것 같았다 벌써

어디에 있는지 모르기 시작했다 어디로 튈지

너무 하얘서 눈이 타버릴 것 같았다 덮인 눈을 입속으

로 가져갔다 눈이 공을 건네는 것 같았다 입김이 나오고 있었다 증명이라도 하려는 듯이

\*

  세 나라가 맞닿은 국경 지역에서 갓난아기를 업고 있던 카렌 젊은 그녀는 목을 돌리기 어려워했다 깁스를 한 것처럼 오두막 뒤로 돌아가 파이프로 된 목걸이를 벗었다 다시 끼우고 나타나곤 했다 식당에서 내가 밥을 먹을 때까지 기념품을 들고 기다리던 아카족 그녀는 은방울로 짜인 모자를 쓰고 있었다 줄무늬를 이루는 검은 옷 검게 그은 얼굴과 눈이 마주쳤다 우리는 웃었다 마주 보고 웃는다는 건 두 개의 공이 하나여서 가능한 일이다 그녀의 한쪽 눈엔 흰자위만 떠 있었다 구름처럼… 그녀가 다시 기념품 바구니를 들이밀었다 내가 푸른 헝겊으로 만들어진 말 한 마리를 고르자 말은 방울을 시끄럽게 울리며 나를 따라왔다 우리는

막과 막 사이를 오가고

공은 벗어나려 하는 것 같다 그래서 둥글어 보이거나 여러 개로 보이는 것처럼 손이 돕고 있었다 손발이 연결되어 손발을 버리듯이 공은 그렇게 짜여진 공 안에 있는 것 같다 얼핏 보면 꼭 닮은 것 같아서

# 간섭

앞다리와 뒷다리는 얼마나 떨어져 있어야 하나

줄무늬는 줄무늬를 입고
가까워진다

무늬에 대해서라면 말이 필요 없지만
아름다운 돼지를 그리고 싶다 그래서 돼지 한 마리를 다 먹어야 하고
붓을 씻으면 씻은 물이 초록에 가까웠다

뒷다리를 싫어한다는데 그건 앞다리를 좋아하기 때문이란다

앞다리라는 게 뒷다리에서 출발하는 거라니
가깝다는 건 뒷다리와 앞다리 사이다

기다리다 보면
손이 발이 되는 기분이 들기도 해

다시 붓을 씻는다
씻은 물이 초록에 가깝고 그 물을 칠하면 초록이 아니기에

붓은 발처럼 둥글어지는 걸까
초록이 초록을 메우는 동안

무늬에 대해서라면 말이 필요 없지만 그래서 말인데

앞다리와 뒷다리 사이에서 아름다운 돼지를 찾을 수 있을까
한 마리를 잊어버리면

# 발현

하늘엔
원숭이 엉덩이

파랑은 빨개져서 엉덩이가 파래

그렇다면 만약 그렇다면
하늘은 부럽다가 부끄럽다가, 부러워서 부끄러워서

너무 비슷해 엉덩이가
진짜 그렇다면, 이것은 하나에서 하나에 이르는 불쾌한 골짜기*

변기 위에 있을 때 가장 다소곳해지던 아침
그걸 샘이라 부르던 사람의 저녁

사과는 사과의 하루를 오간다

이것은 진실에 대한 이야기가 아니지만 사과를 하면서

믿지 않기도 했지만
　나무를 심으러 가자, 산을 오르던 날 풀이 무성한 언덕에서 뱀 한 마리 갈라진 혀를 내밀었을 때

　너는 당황하지 않고 네 이름을 말할 수 있니

　네가 왜 이름을 자꾸 바꾸는지 알 것 같은 날 물리지 않을 자신 있어 잡지 않고 놓아 줄 수 있겠니

　부끄럽지, 부럽지

　안다는 건 순전히 혼자만의 생각일 뿐이지만 두 가지를 찾고 싶은 사람은 둘 중 하나를 버리고 싶어 하잖아
　어느 한쪽도 버릴 수 없으므로

　사과는 자꾸 색을 바꾸고
　나는 같은 색깔처럼 보이므로

얼었다 녹는 것을 반복하는 얼굴처럼
믿지 않으면서 사과를 먹기 시작했지만

사과가 된다면 그 말의 목발을 버릴 수 없을 것 같아

뜨거운 곳은 소리를 내지 않아도 가파르고 그 자리는 왜 파랗게 보일까, 짧아서 손목을 가릴 수 없는 옷을 입고
너무 길어서 손이 보이지 않던 날처럼

*세상에는말야부러움을모르는놈이있는데 그 게 바 로 나 야*\*\*

너는 부끄럽지도 않니

왔다 갔다,
사과에서 사과를 도는 동안

사과는 나를 고른다

* 모리 마시히로.
** 장기하.

## 공손한 그레이

차렷과 경례 사이에

그레이!
블랙보다

열중-쉬어를 좋아합니다
한국으로 이주해 온 브라질리언 그레이 씨

뒷짐 지고 어디서 배워먹은 버르장머리?
거울을 움직이려면 거울 속으로 들어가

손을 가지런히 배꼽에 모으며
그래 e c, 웃음도 그레이시 하기도 하지요

그레이는 옆집에 살고 나는 이상하게 그레이를 좋아하고 그레이는 하얗고 어디서나 잘 어울리는데
  양반다리는 힘들어요

화이트를 하우, 섞기 전에 생각합니다 그레이의 입장에서
블랙을 와이?

왼쪽에 오른쪽 다리를 끼우다가
구부린 것도 편 것도 아닌데 구부리고 펴는 그레이

섞이기 전에 배우는 거울처럼
이 양반 공손하기도 하지요

색 중의 꽃은 빨강이라서 장미는 블랙이라는 그레이 나는
왜 그레이?

무대를 휘저어 화면을 압도하는 마이클
잭슨처럼 하얗게 보이기도 했어요

어두운 골목일수록 신나는 노래를 부를수록

하양 백지장 같은
밤

친절한 엄마를 기다리던
기억, 그은 얼굴로 집을 나설 때
분을 바르면

숨길수록 더 잘 보이던 얼굴이
뜹니다

왜, 눈을 감으면 훤하게 밝아지는지
거울 앞에 서면

혼자가 아니고 모두 그레이 같아요
깨트리지 않고 걸어 나오는 거울처럼

# 바다만 남은

돌에다 말하다니
돌인가 싶었는데
내게도 그런 시절이 온 것일까
돌이 들고 있는
그 돌을 대신 들어야 한다
그러면 그렇지
말해도 행동하지 않으면 들어주지 않는다
힘이 있는 모양이다
나를 보았을까
돌도 망설이게 하는 처음
돌인가 싶었는데 가까워져 있었다
바위를 지나 아직
돌멩이가 되지 않은 모양이다
혹은 돌멩이를 지났으나
바위가 되지 않은
악어알보다 타조알보다 공룡알 즈음
두 손이 필요하겠다
함부로 던질 수 없게

온몸으로
돌 위에 앉아 있는 돌
나란히 마주 보는 것은 무엇인가?
무엇이든 표면에 다 있다는데
나는 깜찍해서
그러안고 아주 잠시
가늘어질 대로 가늘어진다
실오라기 너머로
들리는 것 같다
있다는 것일까
'들리지 않아야 이루어진대요'
얼마나 먼 곳인가
무엇인가 이루어진다면 이런 과정을 거치게 될까
다시 힘껏 그러안는데
나를 당기는 것 같다
여긴가…
그러면 그렇지
줄을 서려고 사람들이 온다

그리곤 다시 안아보지 못한다
아니 안았다가 놓아주었다가
돌에다 말하다니
돌은 돌을 낳고
루틴은 그래서 생기는 것이다
온 마음 온 힘으로

물은 다 떠내려가고 바다만 남아

# 바나나 함수

그거 아세요, 물가엔 언제나 구름 부족이라는 거

태평양 서남쪽, 태양에 커피콩이 튀듯이
그들은 춤을 추고 있는데요 지금도
북 가죽을 두드리며 구름 화관을 쓰고 있다는 거

대여섯 살쯤 될까 되었을까
카메라를 보자 저절로 포즈를 취하며
웃는데요

입가에서, 꼬리를 끌며 물을 흔드는 잎사귀 하나

줄이라도 매인 걸까요?

한 손은 허리춤에, 또 한 손은 주먹을 꼬옥 쥔 채 V를 그리는데요
돌돌 말아 쥐어도 주먹 사이로 다 삐져나온다는 거

아이야, 웃는 연습 많이 했니
꼬리가 우습지 않구나
웃어보세요
우습게 보이는 건 싫어요

아이는 바나나처럼 몸을 바나나 하는데
  그거 아세요, 바나나는 상자 속에서 바나나투성이로 자라고

상자는 열 때마다 역에 데려다 놓는다는 거
역은 익숙한 얼굴로 낯선 표정을 흘린다는 거

구부러진 바나나가 구부러질 때
바라보는 원숭이는 엉덩이가 빨개지지만

상자는 닫혀 있어 늘 마법에 빠진다는 거

# 방목

뜬구름 잡는 소리 하지 말라 해놓고
하늘을 보니 풀이 지천이었다
땅을 가리기 좋구나
우리 염소를 키우자
구름엔 풀이 자라고 있었다
내가 심지 않아도 잘 자라는
하늘엔 구름이고 풍족할 것인가 소중할 것인가
구름엔 또 하늘
자고 일어나면 풀이 쑤욱 자라
발목을 감고 헤엄치고 다니기 좋은
염소는 낮에도 밤을 입고 있었다
한 놈은 어리고 한 놈은 그보다 어려
얼굴은 어둡고 눈은 더욱 어두워
들여다볼수록 초점을 잃었다
다시는 잃어버리지 말아라
소금을 먹은 염소는 집으로 올 때 길을 잃지 않는다
끓는 물에 소금을 넣듯이
연기와 입김은 닮아 내게 주인 행세를 가르치곤

풀피리 잘도 불어 주던

그 밤

풀이 비에서 풀려나오듯이 사이에도 실패가 있어

반복은 마디를 낳고 마디를 낳고

변하지 않는다면 그게 무엇이든 밤이 될 수 있겠니

굳은 팔다리 사이로 흙을 털어 묻고 묻는다

지천으로 비탈을 이루는 비탈에서

# 2부

# 달 사람

누구에게나 돋보이는 것 하나쯤 있잖아요

풀어보면
당신의 어깨는 보자기이고
그 속에서 길이 뻗어 나올 때 네 개를 오므리는 대신 하나의 손가락이 가리키는 곳

감감합니까?

돋보기를 드릴게요
서 있는 당신을 보면 다리 사이로 사이만 보이고
걸어가는 직선은 곡선 같기도 합니다 직선으로 곡선을 그리는 컴퍼스
파이는 조각 같으니까요
내 손에 있는지도 모르는

돋보기: 그리하여 돋보이는 것

가까이 있으면
보다 더 사물로 보이고 가까이 가서 보면
세상 사물들이 모두 뿌옇게 보이는
그런 날

나를 상상하며 내가 없는 곳을 찾아 멀리 달아나
 날은 저물고 아무도 따라오지 않을 곳에 이르러 주위를 둘러보면
 다리 밑에 있습니다

있었는데, 있는 달처럼

그만 던져버리고 싶은 돌은
돌아오지 않는 조각이고
울음은 조각에 매달면 불어나는 파이 같습니다
한쪽이 들어맞는 상상은 다른 한쪽을 지나온 기억 같고
돋보인다는 건
그 외 아무것도 보이지 않는 것과 같아서

보이지 않는 곳으로 갑니다

걷는다로 읽습니다 건넌다로 들립니다

다리만 보입니다
누구에게나 돋보이는 것 하나쯤 있으니까요
아무에게나 있지는 않지만

# 정거장엔 꼭 나무가 있었으면 해

가령, 30m의 거리에 5m마다 나무를 심으려면 몇 그루의 나무를 심어야 할까?

세어 보면 일곱 정거장인데 걸어보면 여섯 정거장이었죠 매일 한 정거장을 거저 가는 기분이어서
  남은 만큼 새롭고 거리는 그저 다정한데

육교가 사라졌네요

그 자리에 사다리가 누웠고 육교를 지키던 C가 사라졌죠 C는 목을 구부리고 어깨를 구부리다가 그런 자신을 안아버린 사람 C가 C를 닮은 건 사실인데 다리를 지킨 건 사실인데 그를 지킨 건 다리인지 몰라요 다리를 울타리로 지붕 삼은 지 십수 년 만에 구둣방을 지었기 때문이라죠 다리에 문을 달았기 때문이라던 동네 사람들은 이제 구두를 맡길 곳이 없군요
  '우산 양산도 고칩니다' 그를 도와 문을 열고 서 있던
  A도 사라지고 발을 벗어놓고 앉아 있던 b도

C를 따라가 버스에 b가 타고 있는 것 같군요
종점까지

'오래된 C를 부탁합니다'

 한 사람이 사라졌을 뿐인데 한 정거장이 따라가 따라갔을 뿐인데 따라와

 기다리는 것 같군요 치안센터는 안전한 꽃집 옆에 있고 주인은 때를 꽃을 사러 온 사람은 주인이 나올 때를 기다리고 주인은 주인을 바꾸며

 지나가네요 산책 나온 강아지가 엄마를 기다리고 엄마가 목줄을 목줄이 목줄을 잡고 지나가잖아요 모퉁이에서
  CU

 자세히 보면

비계가 아파트를 세우고 노란 형광조끼를 입은 인부가 건너편 도로에서 빨간 봉을 마구 흔들 때 가로수 아래 세 들어 사는 노란 단추들 단춧구멍을 채우죠
사거리에서 사다리가 다리를 놓을 때

불이 들어오듯이

거리는 모자라는 것도 남는 것도 아니지만 걸으면 접히는 곳에서 다시 펴지네요

당신은 매일 몇 그루의 나무를 심으시나요?
나무는 5m마다 있지만 한 그루가 빠지면 30m를 갈 수 없어

정거장이 다음 정거장을 보내오네요

## 좌표

할아버지는 배를 만들었어요 아버지는 물고기를 잡고 어머니는 잡은 것을 또 잡았습니다
하릴없이 나는
요리사를 신의 자리에 두고

신이 두 마리의 새를 세계의 동쪽 끝과 서쪽 끝에서 동시에 날려 보냈더니, 그 새들이 중심에서 만났습니다*
그 자리에 돌멩이가 돋을 때 나는
직감합니다

그것은 두 손을 모으는 곳에 있을지도 모른다고

물고기를 손질하는 어머니가 내장을 조물조물
더듬습니다
칼을 들고서도 어쩌지 못하는 사소함은 우스워도 웃을 때 왜 그것을 붙잡고 있는지 모르는
가운데

우리는 서로를 보았죠
엄마 나는 어디서 왔어?

배꼽을 왜 접시에 가두려는지

우리**는 끝이 가시로 변합니다 잎은 마주나고 톱니가 있으며, 열매는 약용하고 나무껍질은 염료로 씁니다 골짜기나 개울가에서 자라
정원을 접시에 담고
요리사는 정원을 손질하고 정원은 접시를 데커레이션하고

둘레는 먹음직스러워

나는 자꾸만 졸음을 닮은 배꼽 속으로 빨려 들어갔죠
초록이 어두워지는 저녁
가만히 귀를 가져다 대면 모천으로 헤엄쳐 오르는 지느러미의 심장 소리가 들려

여기는 분명
접시 꽃 대궁
별을 따라 아버지는 달을 기르고 어머니는 그와 같은 생각으로
푸른

날을 벼리네요

도마 위에서
방아 찧던 토끼가 자라나는 동안
삼점일사사사사사사…
달과 나 사이의 파이 같아서 썰거나 자르면 끝없이 들어맞는 접시를 타고 가는 것 같아

빙그르르 빙그르르

---

* 그리스 신화.
** 우리(牛李): 갈매나뭇과의 낙엽 활엽 관목.

# 자주
―유령



어쩌다 나의 유업을 나의 유령으로 읽었다
 읽고 있으면서도 계속 읽게 되는 것은 나일까, 나를 따라다닐지도 모를
 유령일까

코 옆에 보이지 않던 점 하나가 얼굴도 없이 터를 잡았다

너는 나를 들여다본다, 궁금해할수록

어쩌다 안녕
말하지 못해 서운했다 그러다 우연히 만나면
무지, 미안한 이유가 반가웠다

살아 있어
죽은 것들이 따라다닌다

 버스 안에서 나를 따라오던 나무가 골목으로 접어들 때 반대편에서 걸어오곤 하듯이

찾고 있어도 계속 찾게 되는 건 나의 **유령**을 **유업**이라 생각했기 때문일까

지나온 것은 지금부터야

악보처럼
음악을 들으면 사분음표보다 점 사분음표, 반박쯤 느린 점도 개성으로 보이고
사라지듯 멀어져도

남은 것을 눈치채

지나가는
앵무 좀 볼래
온종일 굽은 부리로 종이를 따고 제 깃인 양 품에 끼우고 종종걸음 치며 다 흘리는

모양새라니

앵무는 제 발자국에 종이 깃털을 다 끼워 놓았다

흘린 것을 또 흘리며
흘린 것에
홀린

새는 쉴 새 없이 종이를 물고
나는 새장을 들락거리고

# 파이에서 살아남기

그래는 그래밖에 모르는 파이
너를 위해 빵을 구우며 파이를 생각한다 팬이 따듯하게 달궈지고 빵이 자라는 동안
구워지는 일은 그래

너를 만나기 위해 둘러 가는 거리

생각 없이 걷다 보면 어느새 도달하는 곳
너무 멀다는 생각은 너무 크거나
그래
너를 보며 빵처럼 부풀어 오르는 나를 생각한다

사실이지 정의는 정의가 아니다

이를테면
로빈슨은 무인도에 살지, 무인도에는 아무도 살지 않고
바다가 섬을 두듯이

파이에는 한 사람이 살고 있어

빵을 키운다 아직 빵이 아닌 빵을 구우며 파이를 감정한다

구름처럼 부풀어 오르는 빵만 보며 걷다가
자욱하게 해무가 섬을 둘러싸 버린 날
나는 내가 보이지 않습니다
더 이상 자라지 않는 기분입니다
표정조차 달을 잃어버린 파이, 파이조차 파이를 모르는

사실이지 파이는 파이가 아닌 파이라서
기분을 잃어버린 기분입니다

달과 화분 사이, 식탁과 어항 사이 달아나는 물고기와 물풍선에 무지개 데커레이션 빵 터뜨리며

파이를 돈다 다시 또 파이를 기다리며

둘러 가는 아이와

그래 동그래지는 파이와

# 줄넘기

산에 올라 산이 담을 넘는 것을 본다
산을 보여줄 때마다 산을 취소하는 것*
손안에 꼭 들어오는 손목이 있어
넘을수록 사라지는 선을 본다
짐을 지고
선이 선을 지우는 파도를 본다
파도를 보여줄 때마다 파도를 취소하는 것
우산 목이 손목처럼 잡히는 날
너를 보여줄 때마다 너를 취소하는
빗속에서
걸어 나오는 너를 본다
무지개
다리가 산을 넘는 것을 본다
손안에 꼭 들어오는 손목이 있어
*산이사니살아서 선이서니서서*
계속 만나게 되는 것일까
담도 짐도 다 버리고

* "존재들은 이름을 보여주지만 이름을 보여줄 때마다 이름을 취소하는 것"(이수명)-『모두가 움직인다』(김언, 문학과지성사).

# 자주
―慈主


"오래 껴안고 있으면 체위가 변한대"

죽은 매미의 몸에서 풀이 자라고 있었다
아무도 죽이지 않았고 죽지 않았지만 나는 왜 기억나지 않는 일로 자꾸 슬픕니까
오래된 관계에서

오래된 관계를 말하고 있었다

누군가
입술에 입술을 맞춰 본 지 오래되었다고 하자 나는 아직도 꼬리에 꼬리를 물고 자는 버릇이 있다고
말하지 못하고 있었다 자꾸 자라면서
아무도
꼬리를 자르지 못하고

오래된 밥을 오래 먹고 있었다

같은 자세로 오래 누워 있으면 조직이 괴사합니다 엄마는 풀이 되어 가고
점점 엄마가 되어 가고
나는 바닥을 노려보면서 발이 묶인 채 하늘로 떨어지는 꿈을 꾸기 시작했다

풀이 방석을 마는구나 매미의 사체를 열고 들어가 닿으려는 것은 길고 그 끝은 왜 둥글어 보입니까 겨울에도
풀이 매미처럼 울고 있었다
몸이 기억하는

머리를 자르며

내가 선택한 건 사람인지 사랑인지 바꾸다 계속 바꾸다 이름이 다른 계절을 기다리기 시작했다

꼬리에서 파도가 일고

나무와 잎이 체위를 바꾸고 있을 때였다 몸은 기억보다 오래된 관계라는 듯

달이 흔들리고 있었다
이가 빠지려 하고

# 소음


이따금 거인은 실없는 실밥을 터뜨린다
어른보다 크고 아이보다 어지러운 손을 놓은 적이 있나요 나도 모르게
흘깃흘깃
너도 들었니

손목이 없는
손을 놓칠 때마다
문보다 큰 책과 책보다 작은 사람들이 책장을 넘기기 위해 뛰어가는
숨소리

너무 큰 벽이 동굴을 울리는 걸까

나도 봤어,
폭죽이 실타래처럼 입안에서 동굴을 삼켰다 뱉었다 하는 거
누가 봐도 구멍은 하나인데

거기서 보면
바라보는 내가 보이지 않아

혼자라는 말은 웃음이 이해하지 못하는 침묵 같다

  모이면 안 되는 사람들처럼 모여 보이면 안 되는 사람들처럼 하관을 숨겨도
  벽 속에선 누구도 벽을 나무라지 못해

벽과 내통해야 하므로

  보아하니, 보는 것은 관심이 없는 것처럼 보이고 없는 만큼 자유롭다는 듯
  즐겁군요 누가 봐도
  우리는 즐겁지 않은 것 같아

  마주 보고 앉아 있는 귀를 붙잡는다 내가 나오는 드라마를

내가 보는 기분으로

같은 장면 속에서 얼마나 멀리 있는지 울고 있어도 때로는 웃고 있는 것처럼 보이는

구멍에 빠진다고

# 재발견

 버리기는 아깝고, 입기는 좀 그렇다 그럴 때 엄마에게 맡기곤 했다

 아이는 요즘 이 옷을 입지 않고 있다
 정리가 필요할 때 길을 나서는 사람은 발견이 필요하겠거니 발견이 필요할 때

 정리를 한다
 서랍이겠거니 옷이라면

 엄마에게 맡겨 둔 걸 다시
 아이에게 물려받는다
 집에서 입다가 입고 일하다가 일하면서 밥을 먹고 자다가 자고 일어나
 도서관에 간다 어쩐지 맞춤한 것 같아 돌아오는 길에

 시장엘 들른다
 나는 아이가 된 기분이고 아이는 엄마가 된 기분이겠

거니

아이는 자라고
나는 더 이상 자라지 않는 기분이겠거니

큰아이 입던 옷을 물려주면, 아이는 큰아이가 된 것처럼 좋아했는데

엄마, 나 요즘 너무 힘들어요 그렇지만 엄마는 제가 힘들어한다는 비밀을 지켜주셨으면 좋겠어요

아이를 입는다
옷이 자라는 것 같다

옷은 쉬운데 기분은 쉽지 않은 것 같다 기분은 쉬운데 지켜주는 건,
지키는 것만큼, 쉽지 않은 것 같아
발견이 필요하겠거니 정리를 한다 길을 나설 때

                                    다행이다
서랍을 옷 속에 넣고 가야겠거니

# 도넛의 생물 이야기


　머리를 옆으로 돌린 채 배를 동그랗게 열어놓은 도감과 드러누운 개구리가 속을 나열한 생물실로 우리 반 아이들을 불러놓고 샘이 도넛에 대해 이야기한다 그날이 그날 같다가 그런 날도 있다 우리는 샘솟는 샘 옆에 서 있는 변기처럼 앉아 있는데 샘은 버터 같은 기름기를 흘리고 있다 꼭 도넛을 만들다가 온 사람이 아닐까 하는 생각이 들 정도로… 한 개의 도넛을 먹을 때는 기억하지 못한다 두 개까지만 먹어야 하는데 세 개를 먹고 나서야 떠올리는 것처럼 분명 도넛은 거부할 수 없는 지점이 지나치게 하는 지점으로 있는 걸까 한 개는 먹음직스러워 두 개는 모르고 먹지만 세 개는 너무 기름지다는 생각에 물릴 때쯤 세모 양이 피를 흘리며 네모로 실려 간다 양의 몸에서 동그란 전구가 터졌기 때문이란다 필라멘트가 끊어질 때 감전된 우리는 우리도 모르게 전구를 뽑아 던지며 소리를 질렀는데 들리지 않는다 그럴 리가 없다 박살 난 조각을 박살 나기 전으로 빠르게 되돌리자 어느 영화에서 신부와 나눠 마신 술잔을 발로 밟아 깨트리는 소리를 낸다 상처는 이럴 때 상처도 모르게 바늘을 꿰

매는 것 같다 아무리 꿰매도 아물지 않는 상처가 있다는 듯이 도넛이 구멍을 부정하듯이 *부정은 세 번을 부정할 것이다 이 시가 끝날 때까지* 샘은 구멍에 젓가락을 넣어 도넛을 건지는 사람처럼 말할 것이다 감각은 단련시킬수록 발달하는 것이란다 치댈수록 윤기 나게 부풀어 오르는 밀반죽처럼 좋은 것은 좋은 점과 다르게 늘어질수록 탱탱해진다면 사람은 발달하고 있다는 걸 발견하는 생물, 샘은 더위를 먹지 않고 도넛을 튀기는 사람 좋은 점이란 언제나 좋은 것도 아니라고 인정하면서 버터 같은 기름기를 내내 흘리며 종이와 펜을 꺼내 자신의 경험을 쓰라고 한다 얼마나 어떻게 그리고 진행형에 대해서 그것도 익명으로 전체는 익명을 즐기는 버릇이 있고 공생은 무리 짓기에서 무리 수를 읽는다? 무리는 도넛을 처음 맛본 사람과 도넛을 만든 사람을 번갈아 상상한다 도넛은 나를 지나왔고 나를 지나갈 것이므로 세상에는 두 종류의 도넛이 있다 어 느 것 을 고 를 것 인 가 알 쏭 달 쏭 알 아 맞 춰 보 세 요 나는 도넛을 키에 걸어놓고 배를 조종하는 사람과 배 위에 있는 것 같다 맛을 이해

하듯이 속도는 도넛의 안과 밖에서 거리를 시간으로 나
눈다면 종이에 써야 할 것과 쓰고 싶은 것 하나의 다리
를 건너는 두 개의 다리를 생각하면서 그때부터 모든 것
이 두 개로 보인다 볼트와 너트를 연결하는 고리가 하나
의 도넛이 되어 있는 것처럼 더 이상 새롭지 않은 건 그
것은 먹기만 하는 것이 아니라는 것 세상이 먹기만 하는
것이라면 상상은 먹고 싶지도 않을 테니까 그렇다면 도
넛은 세계이고 모양은 살아 있습니까 그렇다면 꼭 그렇
다면 그렇게 익히고 싶은 건 아닐까 아마도 그렇다면

## 오후는 백 원이 모자라


이천오백 원에서 오후는 백 원이 모자라

집으로 가는 길은 한 나무라서 고를 수 있는 몇 가지가 된다
사이시옷처럼

마지막 과일 가게에서 둘러 가거나 꽃집이 있는 길에서 언덕을 오르거나
잊그제 고르지 못한 깃들
다시 선택할 수 있는 것은

이천오백 원이 이천사백 원을 데리고 와
백 원이 내렸기 때문이다

히아신스 옆에 무스카리 그 아래에서 알프호른 불어 젖히는 수선화…
소금을 넣고 물이 끓기 시작해 육분 삼십 초를 더 견뎌 반으로 갈랐을 때처럼

희고 노란 반숙 같은

누이

어제도 오늘 같았는데
오늘에서야 가 닿는 안부

주머니를 뒤적일 때마다 꽃 아니어서 돌아본다

마땅히 그러하지만 눈으로 보지 못하기에 역설이기도 하다 뿌리에서 코끝에 전해지는
어제 옆

오늘

춥게 키우세요
치렁치렁 햇살을 감을수록 총구가 휜다고 삼단 같은 머리를 받치고 꽃대는

그런 줄도 모른다

# 상자의 가정법 과거완료

농부는 자신이
이름 없는 화가라고 생각하며
가지를 키운다
가지가 가지마다 연보라 꽃을 피울 때
붓으로 꽃술을 찍거나 꿀벌을 그려 넣기 바빴으므로
그림은 원한다
채광 좋은 자리에 전망 좋은 그런 방
아니 아무도 흉내 낼 수 없는 창문 아래
전개도라면
상자에서 다 자란 가지는
다시 상자가 된다면
상자는 늘 가지가 필요하므로
채우는 것도 비우는 것도 상자만 한 조건이 없는 것이다
가지는 천만 가지, 가지를 몰라
맘먹은 대로라면
너무 커버린다면
시세대로 잘 쳐 받으려면
검고 쭉 뻗어야 하는데 손을 놓친다면

양껏 다리를 뻗고 만다면
상자에 들지 못하는 못난이
보이는 게 전부가 아니라는 말이 거기서 나왔다면
겉바르고 속 다르다면
그래서 강요하고 싶다면
데리고 들어가 반듯하게 눕히고 싶다면
이미 침대라면
벌써 가지를 눕혀놓고 가지를 자르고 있다면
상자 속이 밖이라면
사실은 그랬다
침대는 침대를 늘였다 줄였다 하지만
사람들은 액자를 고르며 그림 안에서 상자 같고
못난이는 상자 밖에서
상자를 채우므로
농부는 그렇다 자신이 화가라면
자식만큼은
잘나가는 그림이었으면

*change, exchange*


백 원

동전을 넣는다
그녀는 인간적이고 기계는
돌아간다 기계적으로
돌지 않을 수 있고 기계가
동전을 삼키려는 찰나
뱉을 수도 있다 뱉으려는 찰나
어딘가 걸린 것 같다
알지만 모른다 그걸
몰라 어디가 어딘지
그럴 수 있는 걸 알지만
뺨을 때린다
기계적으로 등을 친다
뚫어져라 물고 있는 것이
보여 더 세게 한 번
때린다 삼 세 번 때리고야
만다 때마침 동전이 나오고

기계적으로 그녀가 웃는다
오백 원이다 그녀가 개웃는다
양심적이야 기계는
기계를 바꿀 수 없어
인간적으로 웃을 수 없어
그녀는 기계를 바꾼다
걸어가 동전을 바꾼다
기계적으로 동전을 넣는다

*3분간 드라이 드라이*

# 3부

# 안개

누가 치마를 선택한 것일까
모름지기 교복은

우릴 섞어 놓으려고

내 바지를 풀밭에 던져버린 것 같다
다행이구나, 네가 치마를 입고 학교에 갈 수 있다니 쓸데없이 걱정하는 사람과

풀밭은 무성해진다
치마나 바지 따위가 나를 좌우할 수는 없기에
아침마다

내가 축구를 한다 치마를 입고
치마 속에 바지를 입고

바지를 좋아하는 분홍이 파랑이 아님, 뭐 어때 둘 중 하나여야 한다면 싫은 게 아니라

나보다 나를 알아차리게 돼

안녕?
너, 저 오빠 알아?
쟤?
우리 반인데!?

분류된 것을 다시 분류하거나
이미 알고 있는 것을 증명하는 일보다
더 분홍 아님을 좋아하던 아이가 가방에서 생리대를
빌려 가던 날

'합니다'로 할까 '함미다'로 할까
자다가 깨는 기분으로
풀밭에 누워 있는

풀이 된 것 같아

받아 쓰라고 하면 얼굴을 보여주지 않기에
고민이 많지?

'함미다'를 알고 나면 '합니다'를 쓸 수 있게 그 앞에 나를 풀어놓고
치마를 이루는 것일까

멀리 데려가 줄래 조금만
아주 조금만 팁을 줄게

# 이름은 얼마나 많은 비를 몰고 오는 구름인가

이름은 얼마나 많은 비를 몰고 오는 구름인가 비는 이름이 비이고 구름은 또
이름이 구름일 뿐인데

영대라고 했다

소낙비에 한 아이가 우산 속으로 들어오고 건물을 옮기던 때였어 그래 움직임은 비어 있는 곳에서 비어 있는 곳으로의 궤적이니까 별 301, 302 도서관, 강당, 벤치, 식당, 카페… 기억하니 불 꺼진 음악감상실, 튀어 오르지 않는 소파 하나쯤 있고 영화관처럼 뒤집히는 회전식 의자가 기다리고 있는… 한 학기를 마치고 고향으로 내려간 아이는 엽서를 보내오지, 나는 아이가 아니야 벌써 숙녀가 된 지 오래라고 그리고 자퇴를 결심했다고 샐비어 때문이라고 그러니 한 번 보러 오라고 꼭 한 번 내려와 달라고

샐비어 때문이라니

왜

　도로변 화단에 샐비어가 있었지 그래 삼천포로 가는 터미널 비리디언의 샐비어, 차이니즈 레드의 샐비어, 퍼프 슬리브의 샐비어, 잡아당기면 톡 뜯어져 나오는 소맷부리 입에 물고 무는 샐비어, 포구가 한눈에 내려다보이는 공원의 샐비어, 여름 오후의 너는 하얀 플레어스커트를 입고 크고 둥근 손잡이를 귀에 걸고 나를 보고 웃고 있지 손을 흔들고 있어 샐비어가 흔들리고 있었던 것처럼 그래 너는 샐비어처럼 춤을 추곤 했는데… 벤치엔 고향을 지키는 시인이 문학관을 차려놓고 황금상으로 환하게 웃으며 책을 펴들고 있고

　샐비어 때문이라니
　왜

　샐비어는 이름이 샐비어일 뿐인데

# 자주
—非


1
그녀와 겹쳐 걷다가 먼저 버스에 오르고 나면
나를 보고 있는
정류장
버스는 한 번에 같이 오지 않고
차례는 동시에 같은 말을 하곤 한다
한발씩 뒤로 밀려나는 플랫폼
이게 아닌데
금방 시드는 방금
점과 반점이
안경을 썼다 벗었다 썼다
벗었다 입맞춤이 키스보다 어렵다니
사랑 없이 불가능한 사랑을 말하려고
비 없이 장마가 이어지고
한 편에 등장하는 점의 개수만큼 알아볼 수 없이
정확해서 막다른 골목 같다
화장실 앞에 서면
꼭 기다리고 서 있던 사람이 있어 다른 사람을

기다리곤 한다 우산을 들고
접을 때 희망 도서가 오곤 해
도서 반납일이 지났다는 문자와 함께
눈앞에 있는 희망 도서를 희망할 수 없다
'참새'의 '정신머리'였어

이건 점을 길게 나누는 거다

2

번거로운 건 사치라고 말했다
날씨를 말하려는 게 아니지만
단지 한꺼번에 너무 많은 비가 내리곤 하기에
하늘만큼 땅만큼이라 말하곤 했다
사랑을 말하려는 게 아니어서 비는 오고
이틀 중에 사흘은 땅에 있어
하루는
비가 오고 있는데 올 것 같고
내리고 있는 비가 내리지 않고 있었다

반복하고 반복하는 것들의 차이를 반복했다
하늘이고 땅이어서
하늘과 땅 차이다
얼마나 큰 사치인 줄 모르기에
아무도 모르지만 모르는 사람이 없었다

기적은 기적을 말하려는 게 아니라서

## 자주
―*自註하는 사물들*

  이건 다 아는 나만의 노하우인데요 가끔은 거울 대신 눈 좀 빌려주실래요

  윤이 나는 폰 케이스에 얼굴을 짜 맞추거나 순식간에 입술을 바꾸고 이를 간섭한다든지
  지나가는 쇼윈도에 내 엉덩이를 디자인합니다 그러면

  신이 발을 멈추고
  *랩 랩 오버랩*
  유리에 비친 검은 실루엣

  유리를 통과하지 못하는 것은 언제나 사물의 방식으로 거울이 되듯이

  우리 밖 원숭이를 바라보는
  마네킹
  그 너머에서 집사가 나를 바라보고 있네요
  잘 보세요, 원숭이는 지금 나를 모르는 모양입니다 제

꼬리를 뒤로 말아 올리는 데만 열중이잖아요

 주인을 따르는 동안 집사를 닮는 것처럼
 손잡이를 잡고 물으면 같은 패턴으로 서 있거나 같은 뉘앙스로 문을 닫을 것 같은

 순간입니다
 사물이 사물을 훔치는

 밤은 왜 눈을 감고 시리다며 꿈을 엿보는지

 사물은 거울을 낳고 낳고 또 낳고 미인은 거울 속에 있거나 없어
 사물을 봐요

 이건 다 아는 나만의 팁인데요 수염을 만지며 시끄럽게 조르는 나비
 무릎 좀 빌릴까요

그루밍 그루밍 보세요 비설거지를 하잖아요

# 먼지

영화는 신인상주의점묘화다큐멘터리
마이크로그램퍼세제곱미터로스크린에
오른검은고양이
        발자국을찍는다
  화면은넘어진담장에굴뚝을접질리고
묘는꼬리에찢어진시치미를끌고가는데
   뱉어놓은오물과쏟아진재를처바르고
절룩,
발뒤꿈치에서흘리는병치효과
절름발이점프를하는번지에출처를따라가면
북북서풍, 바람에기생하는날개없는날개
카메라는
    롱 - - - - - - - - - - - - - 샷,
            점과점이점을소실하는
. . . 떼
나비는. 굴뚝끝에앉은. 나비를. 잡아먹고.
            살을불린다.
  한마디대사없이

풀【                    】샷,
　　　　　인서트,
　　숨가쁜효과음
　　　　　헉. . . .................헉.. . .
　　수염에붙은미소는구토를동반한두통
　　　　　　　호흡곤란
클로즈-업, 살지니콧잔등에서시커먼주둥이로발바닥으로이어진꼬리의내력을

꼬리를자르면숨어있는꼬리, 속엔또꼬리,
　　　　　　바람을업은
　　날
　　　개, 날개를자르면또날개,
　　　　날개는꼬리
　　　　　기생하는
　　　　　　날개자르는바람
　　　　　　　　손을씻고시치미를뗄때
　　　　　　　마스크, 입꼬리에기생하는

# 토마토를 연습하는 사과

무조건이면 좋겠어요 사과는

껍질째 먹고 싶습니다 푸르거나 붉은 껍질에도 살은 희고 아삭해서 조건 중에 최고의 조건은

좋아하는 만큼 싫어지는 것
그래서 칼을 드릴까요?

언제나 손맛은 살맛을 결정하므로
사과는 벌린 만큼 속이 드러나고 껍질은 대개 목숨 따위를 걸곤 하니까요
코를 가져다 대면 장면을 떠올리게 되는 꼭지에서, 간절함은 사과를 들고 때로 사과 밖을 생각합니다

칼이 없을 때보다, 베어 먹을 수 없을 때
바람이 껍질을 단련시킵니다

무조건 접시를 꺼내세요

겉은 오래된 속이고 속은 가장 불안한 가장자리, 포크를 놓으세요 접시는 뛰어넘을 필요가 없는 용기

아주 단순한 접시를 고른다면
표정이 맛을 살릴 거예요
함께 싹을 묻는 감자처럼
사과라면

정작 용서할래요?

토마토를 연습합니다
앞뒤가 마려운 표정으로 안과 밖 남김없이

# 자주
**—울대처럼 울데**

생각해 보니, 한 번도 똑같은 너를 본 적이 없어

네거리 푸른 신호등 붉새를 지날 때 고백했다
높은 곳에서 뛰어내리기 전 한눈에 들어오는 전경* 그래서 좋아한다고

변하는 건 네가 아니었다 볕 드는 동안
흙이 물들였을 뿐

못 속에서 하마를 기르는 구름 핏대 올려 수국수국 나비를 접고 또 접었을 뿐

등에 업힌 건 무지개
수국에서 무덤을 그러안고 비를 맞으며 모자를 지키는 개구리

잃기 전까지 진가를 인정받지 못하는 건 너 때문이 아니다 그런 줄도 모르고

뺨을 때렸다고 수국에서
수국 수국 울대, 수국수국 울데

울라불라 수국이 부푼다
그때 맞은 뺨처럼

수국수국 온다 오지 않는다 온다 오지 않는다
볕 바래 비를 읽는 시절 생각해 보니

똑같은 너를 본 적이 없다는 건 한 번도 변한 적이 없어

* 『다정한 것이 살아남는다』 브라이언 헤어, 버네사 우즈.

# 정기적인 훈련과 비정기적인 사냥

내 두통은 아무래도 지구가 돌고 있기 때문이다

지구를 지키는 독수리 벌써 머리 위를 돌고 아무래도 내 머리를 눈알로 보는 것 같다
아니 벌써 아무래도를 길들인 것 같다

찍고 두드리고 으깨다가
하나하나 모래알을 센다

얼마나 지구적인가
지구를 통째로 삼키려는 것이

사냥꾼은 사냥감을 발견하면 멈추지 않고 쫓는다는데
쫓기지 않으려면 쫓아야 한다는데

아무래도는 벌써를 따라 어지럽고 어렵다
제자리를 지키는 건

아무래도의 발을 묶어놓고 사냥꾼은 눈을 가리고 개를 길들이고 있다

돌고 있는 것 때문에 도무지 가만히 있지 않는 개
아무래도를 따라 하는 아무래도인 것 같다

편편한 곳에서 편편해지기까지
사냥꾼은 가만히 받치고 있을 뿐

잦바듬히 꿰인 밤은 목을 빠져나올 수가 없는데 밤이 목을 돌릴 때가 된 것일까

사냥꾼은 챔피언을 먹고 나는 밤을 먹은 것 같다 아무래도는 벌써를 엎질러

앞질러 버린 것 같고

## 자루라는 책

*안개 낀 소에서 잃어버린 적 없는 당신을 찾습니다 당신은 백 년 동안 썩지도 않고 검푸른 입술이 뽀얀 어금니를 앙다물고 이마가 쓴 표정을 버리고 헤엄쳐 겸상이라도 나누어야지 하면 아가미 없는 입으로 어떻게 숟가락을 들까 합니다*


자루를 펼칩니다 받아
씁니다

어떤 자루는 부적처럼 안고 살아가야 한다고, 정지간에 해마다 세워두곤 했습니다
간수가 빠지는 정도에 따라 젓이나 장을 담아
안을 지켰습니다
비위가 약한 당신은 이것을 빨아 이를 닦고 벌레에겐 소복소복 무덤을 지어
밖을 지키라 했습니다

오줌싸개에게는 침을 놓기도 하고, 죽음을 목격하고 온 아버지를 돌려세워
잡귀를 쫓기도 했습니다 서너 알만 움켜쥐어도

책이 각을 세웁니다 매를 맞으면 귀신이라도 줄행랑 놓을 만큼

따갑고 뜨겁습니다

소가 낯을 태웁니다 오뉴월,
물거울에 버짐처럼 연이 번지면 염부가 귀를 두드립니다

퍼뜩 일나거라 밥 아 짓고 거울 속에서 뭐 하느냐 짓기 전에 일어라 피기 전에, 들여라

구름이 구름 밖에서 밭을 일굽니다
소의 눈썹 끝에 열두 갈래로 매달려 밥을 짓는
꽃
씨가
눈에서 맺혔다는 족보를 읽습니다
받았습니다 받아 씁니다
받아씁니다

번짐이라 부르면 버짐이라 쓰고,
버짐이라 다짐하면 번지는
버짐
소곰을 지어놓고 소굼소굼 받아 쓰는

책입니다
자루를 펼칩니다

바다였습니다

# 위시본

저녁은 백숙이 어때

푹 삶아 허물어진 저녁, 살을 뜯는다 마주 보고 앉아
흐르는 뼈를 핥다가
제 무덤을 파헤쳐 뼈를 도굴하는 새를 본다
Y자형 V,

총알이 부리를 겨눈 곳으로 날아가는 이유 같다

본래 넓은 바다를 나는 배는 돛 아래에 활대를 가지는데
　새의 뼈 중에서 비슷한 모양을 가진 것이 목과 가슴 사이에 있는데
　V자형으로 생긴 뼈를 양쪽에서 잡아당겨 긴 쪽을 가진 사람이 소원을 빌면 이루어진다는데

　아이들은 나뭇가지를 잘라 총을 만들고
　새의 뼈를 바르면 나무의 열매를 맞추곤 했는데

닭이 날지 못하는 것은 가슴에 살이 깊기 때문이다

멀리라는 말은 오래,
앞이라는 말은 높이라는 말에 끼우면
거리는 하나의 소실점

새는 서랍을 열어 총이 된다

*잠그지 않은 서랍은 중요하지 않다 열리지 않는 서랍은 서랍이 아니다 새는 말한다 서랍에 가슴이 있어요 서랍은 듣는다 가슴에서 총소리가 나요*

새는 너와 나 사이를 날고
방아쇠는 가슴을 향해 당겨지고
V가 Y에 앉아
숲을 이루는 사이 꽃술에 입을 맞추는 동박새

고무줄을 잡아당겼다 놓는 사이 땅이 이마를 찧고 저

녘을 물들이는

　오래라는 말은
　너무 진해서

　잠깐은 깊이를 오가는 새

　화관이 잠깐 오래 붉은 까닭같이
　기어코 당기고 가는 가슴같이

# 로시난테 홀로그램


*반은 걸려 있군요, 반은 걸어 두고*
옷걸이가 꽃병을 닮는 동안 주인을 기다리는 말이 있다
때로는 절벽에 매달려 주인의 목관을 태우고
달리는 저를 기다리는 가장 오래된 종족
뒤따라오는 영혼에 시간을 주듯이
문제의 반을 내밀자 고삐가 포즈를 세운다
몸은 나란하고 바닥은 미루어 짐작하기 좋게
서둘러 나머지는 서두르지 않도록
포갠다 잠시 거기까지 거기서 휴:
멀다 활을 접는 무릎 기우뚱 병이 흔들린다
하얗게 피고 있다 달리려는 것일까
닿았다 떨어졌다 절룩인다, 돌멩이라도 끼울까
굴레는 재갈을 물고 체머리를 앓는 회전목마
터지는 발굽 사이로 나타났다 사라지는
화살촉 달려와 눕는다 비:
*반은 앉아 있고 반은 서 있군요*

# 자주
―해와 경우의 수

  집으로 가는 길은 험난해 탱자나무 줄기에 박힌 가시를 보면 마디마디 자르게 해
  가시넝쿨 너머
  숲이야 공주가 잠들어 있어 행복해야 해
  아무리 기다려도 왕자는 오지 않고 지루해
  방향을

  바꾸기로 해

  가시에 찔린 건 너, 일 수 있잖아 왕자는 잠에 빠져 있고 너는 공주가 아닐 수도 있잖아
  공주는 말이 아니므로
  말 타는 법과 칼 쓰는 법을 배울 수 있잖아
  일어나

  너를 위해 살고 살리는, 칼이
  필요해
  살리기 위해서 죽여야 한다면 죽어도 살아야 해

다시 잡아야 한다는 생각을 해야지
할 수 있다, 할 수 있다 할 수

있을까?

말은 어리석고 겁 많은 양, 말을
뒤집어 잡으면 타고 싶고 타면 달리고 싶어 해 고삐는

크고 겁 많은 칼

말을 타면서 칼을 쓰면 다칠 수 있어 용기도 칼이 필요
해 연습이 필요해
용기도

용기가 필요해
자 이제부터 집중해

나는 용감하지도 그렇다고 착해 빠지거나 못돼먹지도

못해 분위기에 몰두하는 가시,
 탱자를 꺼낼 때마다 가시에 찔리던 기억, 마디가 울타리를 치기도 해
 T형, 지팡이를 잡듯이 술병을 따듯이 입구로 목덜미를 찔러 고둥을 파듯이
 손목을 돌리던 기억을 사용해

 또르르르,

 나는 상냥하지도 그렇다고 무례하지도 않지만 해가 떠오른다면 그럴 수 있다면 그렇게

 해

 나무의 주머니가 열려 탱자나무 줄기에 박힌 가시를 보면 마디마디 해를 꺼낼 수 있게

# 냄비의 귀

뜨거운 냄비의 귀를 잡다가 내 귀를 잡았다

순간이 순간에 닿는다

귀 하나 떨어진 양은 냄비를 안고 골목을 지난다 삼삼오오, 얼룩이를 가리킨다 얼룩이는 번쩍번쩍 얼룩덜룩하다

고흐는 왼쪽 귀를 자르고 왼쪽으로 들었을까, 어떻게 오른쪽을 들었을까

당신은 떨어진 귀를 버리지 못한 사람 뚜껑을 마저 잃고 배가 된 사람
이마는 당신이 키우던 물고기 떨어진 귀는 물고기의 어디쯤일까

귀를 기울인다 귀는 기울기 물고기가 지느러미를 자른다 어디나 그런 귀 하나쯤 있다
절반이 절반에 매달려 가운데를 안고 돌면 떨어진 한

쪽을 위해 두 배속 태엽을 감는다
　꼬리에 풀리는 물무늬 아가미로 쏟아지는 물살 삼킨 것들이 중심을 세운다
　멱을 잡고 중심을 도는 것은 붙잡지 못한 것들이 많다는 것


　밖이 안을 떠받는다
　쓸모를 잡는 동안 바닥에는 차고 오르는 온도가 있었다
　끓어 넘치던 냄비 뒤집어 보여주지 못한 뚜껑을
　버리면 더 가까워서 가볍다
　기억을 잃고 바닥을 태우던 사람이 있었다


　붕대를 푼다
　고흐가 별이 빛나는 밤하늘에 은빛 물고기를 그린다
　지느러미가 키를 잡는다
　풍등이다
　붙잡지 못한 것들이 손잡이를 흔든다 떨어진 귀가 어떻게 자신을 부르는지를

# 자주
―적

들은 적 있다 햇살에 정수리를 맞고 쩌억 갈라지는 소리

가로로 네 개 세로로 아홉 개씩 못 박힌 얼음 트레이에서 서른여섯 개의 울음을 듣는다 서른여섯 개의 이름으로 들린다 서른여섯 개의 얼굴 서른여섯 서른여섯 귀와 서른여섯 서른여섯 눈이 쩌억 서른여섯의 입을 벌리면

알고 있니, 입은 모두 하나로 들린다는 것

들여다보면 꽁꽁 아무것도 보이지 않아
단단히

미끄러집니다

내가 부르는 이름처럼
자꾸 달라붙어

들은 것과 본 것은 적이 되기도 해

들어 본 적 있으시지요

적의 적은 동지다

들어가는 동안 열어두겠습니다
꼭 닫아 준다면

슬픔에 가득 차서 항상 기뻐하며*

낮은 밖이 환하고 밤은 안이 훤한
유리 안에서

소리 내어 불러본 적 있다 햇살이 불거지는 창가에서
정수리를 맞고 녹아내리는 사람을




* 반 고흐.

# 너의 저녁으로 갈 것이다

내가 사거리 슈퍼 앞을 지나고 있을 때
너는 오시리아로 가는 동해남부선 열차에 오르고 있었다
우리가 사거리 슈퍼 앞을 지나
오시리아로 가는 동해남부선 열차에 막 올라탔을 때
나는 아침이고 너는 저녁이었다



***see*** : 스치며 엇갈리는 우리는 비극 같다
***saw*** : 비극을 지난다 비극은

마주 보고 앉으면
꿈쩍도 하지 않아 너는

너무 가볍구나
앞자리를 비우고 앉으렴

한 칸을 물리고 또 물리면
빈자리에도 무게가 실리고

중력 안에 들어야

중력을 벗어난다

오 르 락 내 리 락 손 목 이 흰 꽃 들
은 밤 이 보 인 다 그 렇 게 밟 다 가
더 좋 아 벗 지 는 별 놀 이 터 에 서

꽃자리를 시소시소
어긋나는 문장처럼

이어져
우리는 리본으로 묶인 한 권의 책

오른쪽에서 왼쪽으로
페이지를 덜거나 더하는 일처럼

몸으로 페이지를 익힌다

오 징 어 발 차 기

개 구 리 뜀 박 질

꽉 잡을래?
손바닥은 손등보다 밝은 것 같아

잎 모양을 바꾸며
땅에서 본 구름 속으로 내가 들어갈 차례인데

가지 끝에 걸린 빈자리 올려다보면
너는 내 저울의 추였음을

너의 저녁으로 갈 것이다

# 4부

## 자주
−*time after time*

손때 묻은 것을 본다

크로아티아 드보르브니크 올드타운 루자 광장 렉스터 궁전 앞에는 마린 드르지치 청동상이 있다 다가가면 거무튀튀하고 어두운 청동상에서 코만 무대로 걸어나온다 자세히 보면 동상은 무대 위에 있는데 코에만 조명이 들어온다 루돌프 할아버지의 딸기코처럼 약속이라도 한 듯 사람들은

그의 코에 악수를 한다

읽지 않은 손이 있어 오지 않은 밤을 기다리듯이 손때 묻어 환해지는 것을 본다

# 자주
### —지루한 사랑

없다

그런데 있다

옆자리는 일 미터 정도 떨어져 있다 오래 벤 베개에서 나는 이불 냄새다 공간은 세 파트로 나뉘어 있고 한 파트에는 의자가 두 개씩이다 둘 중 하나의 의자 밑에는 히터가 놓여 있고 무릎이 닿는다가 불편하다

조용히 책을 읽는다 그래도 숨을 쉴 수 있다 그래서 알 것 같기도 한 것일까 한 시간이 지나 알 것 같다는 하품을 하기 시작한다 풀린 눈을 부여잡고 일어났다 앉았다를 반복하며 책을 놓았다 엎었다를 반복하며

베개를 덮고 있는 이불 냄새는 가만히 오래 걸려 있다 겨울 외투 같아서 외투에서 나는 것 같기도 하다 두 시간이 지났다 세 시간에 걸쳐 페이지를 넘기고 있다 네 시간이 지나도록

한쪽 발을 디디고 누름과 동시에 다른 한쪽 발뒤꿈치를 들어 올리는

:향

그림자는 없었다 그런데 그래서 알 것 같다가 있다 빛은

느끼는 쪽에 더 가까워

## 자주
**—自做**


아크로바트 하기 좋은 곳
검은 비닐봉지 속, 살코기만 한 핏덩이를 사 오곤 했다
누가 흔드는 걸까
물증은 없고 심증만 남은 표정입니다 너 울 너 울 남아 있는 파도의 습관으로
한데 모여 뜨거운 멀미를 합니다 다시 단단한 집을 얻을 수 있을까요
어떤 용도는 말이 필요 없는 아름다움이라서
닮은 표정이야말로 확실한 물증입니다 톰 방 톰 방 복근 속에 숟가락을 물린다
계단을 준비해 놓고 무릎 하나 무릎 둘 이러다 달까지 오를지도 몰라
이마를 문지른다 잃어버릴지도 몰라 핏덩이 같은 밤을
누가 걸어온다고 뚜껑을 열었다 닫았다 열면 눈덩이 같은 언덕을 베어 물고
문밖에서 나를 기다리고 서 있는 사람
그 옆에 누군가를 부르고 또 누군가를 부르고

# 일방통행


비스듬히 비스듬히 기대면
잠이 든다

그것만으로 충분한

그림은 하나로 보이고 집은 빨기에 좋다 나는 물음에 기대 빨곤 한다 당신은 유일한 이웃이군요 인적이라곤 없고 농군들이 버리고 간 움막만 드문드문 있는 중에 그의 집은 1시 방향에 있다 내가 몸을 조금만 돌리면 나란한 셈이다 그는 말이 없지만 초대한 적 없는 나는 늘 초대받곤 한다

변하지 않으면서 움직이게 할 때 그런 걸 그림이라 생각하면 왜 이곳에선 길이 한쪽으로만 나 있는 걸까 본 적 없는 그가 그림 속으로 걸어 들어가고 있다 그의 집이 비었을 것이다 올라가는 버릇은 누구의 명령인가 올라가 올라가 명령한 자만이 두려워할 수 있는 무덤 같아 집이 나를 무서워하는지도 모른다 어쩌면 나를 무거워하는지도

움직이지 않으면서 변하는 그림처럼 깨어나 보면 땀을 뻘뻘 흘리고 있다 그림자가 선명한 땡볕에 내가 헬멧을 뒤집어 쓰고 있는 것이다 이건 누구의 헬멧인가요 발을 벗어 던지듯이 이제 그만 돌아가야지 돌아가야지 걸어 놓은 주문처럼

숲을 헤적이다 풀에 휘감겨 다시 들르거나 처음부터 그곳에 가 있곤 한다 문은 굳게 잠겨 있고 그가 돌아오기 전 집을 흉내 내어도 문이 어두워 듣지 못했을까 시끄러운 건 언제나

여백이었다

액자의 주인이 그림일 때 어울린다 생각하면 그림의 주인이 궁금해집니다 그림이 세 개라는 말은 한 그림 속에 있는 장면이라서 세 번째 그림은 세 번째 장면이다 여러 개라는 말은 세어 보는 버릇이라서 주인 없이 초대받

곤 한다 초대한 적 없는 내 집에 그도 다녀갔다면… 만나지 못한 건 한쪽으로만 가고 있기 때문일까

# 꿈의 열쇠[*]

꿈은 열쇠를 버리고 시작된다 주인의 손잡이대로 액자를 바꾸며
 그래서 사람들은 꿈을 해석하기도 하는 걸까 말이 되지 않아 꿈은 꿈이 아니다

 § 계란이 있는 방

　방 없는 방이 있다
　방에
　계란이 있다
　계란은 없고 그림이 있다
　아카시아라고 씌어 있는
　아카시아도 없는 계란이지만
　아카시아는 계란이 될 수 있다
　깰수록 아름답고 아름다울수록 깨진다면
　아카시아는 아카시아가 아니다 계란은 계란이 아니고

 § 구두가 있는 방

구두는 없고 그림은 있다
달이라 불리는
구두는
또각또각 밤을 걷는다
움직이는 성
달은 달이 아니고 구두는 구두가 아니다

§ 모자가 있는 방

모자는 없고
모자는 있다
눈[雪]이라고 씌어진
모자가 눈[雪]이라면
산이 모자를 쓴다
세상은 온통 모자 가게
모자가 모자를 덮어쓴다
추울수록 따뜻했던 기억처럼
모자는 모자가 아니고 눈[雪]은 눈[雪]이 아니다

§ 촛불이 있는 방

 천장이라는 촛불이 있다
 촛불은 없지만 그림은 하나의 방이 되고
 방은 없지만
 촛불이 타는 동안 천장을 보여 줄 것이다
 타고 나면
 촛불은 촛불이 아니고 천장은 천장이 아니다
 천장은 하나다 촛불은
 하나라서
 천장은 하나의 촛불이다

§ 유리컵이 있는 방

 폭풍은 폭풍을 버리고
 유리컵은 유리컵을 버리고
 폭풍이라는 유리컵이 된다
 유리컵을 부른다
 폭풍이 온다

컵 속에서 가라앉는다
때로는 부를 수 없는 말이
말을 잠재우기도 한다
유리컵은 유리컵이 아니고 폭풍은 폭풍이 아니다

§ 망치가 있는 방

 망치는 없지만 망치를
 사막이라 쓰면
 사막은
 깨지지 않는
 망치였다는 걸 알게 된다
 너는 나였다는 걸
 망치는 망치가 아니고 사막은 사막이 아니다

이해하기 위해 이해만이 필요하지 않을 때다


\*   르네 마그리트.

# 풀 그리는 법

턱에
한 개의 점을
찍는다 그 옆에
또 한 개의 점을
이어서 두 개의
점을 찍자 그리고
세어보자 귀찮게
귀찮아서
귀찮은 일이란
사실이지
모두 감사한 일
모두는 균형을
말하려는 것 같다
균형을 잃으려 하고
얻으려 하고 부단히
반복한다는 점
풀을 용이하게 하는
풀이라는 점

어떤 간격으로 얼마나
찍은 만큼
더 찍기로 한다
하나하나 하나…
그리고 그 옆에
그린다 마음대로
수염이 자라듯

그때 염소와 개미와
너구리가 지나간다
모두 수염을 달고
다 지나갈 때까지
기다려 준다
다 지나가고 난 뒤에
더 길어져도 될까
망설여질 땐
늘 망설이지 말고
줄기차게

자유로워라


\*


점이 자란다
점 속엔 그런 점이 있다
끌어당기는
솟아오르는
쓸모없는 쓸모를
기르는
뿌리에서
3센티 정도
자랐을 때 9시
방향으로 꺾다가
7시 방향으로
고개를 숙이자 다시
아래에서

오후 2시 쪽으로
틀리는 건 없으므로
같은 것 없이
풀을 잊지 않게 하는
점이 풀을
먹여 살린다는 점
내가 본 것이라 말할 때
이미 내 안에
자라고 있었던 것처럼
아주 개인적 풀이
바탕을 그리며
반복을 보여준다
풀 꼬리가
바람을 베고 누울 때
바짓가랑이 젖듯이

# 자주
-의


막대사탕과 눈깔사탕 중 고르라면
너무 쉽다
롤리롤리 선택은
사탕 막대로 이루어진 막대사탕
한 번씩 길고
둥글어
가끔은 키울 수밖에
"오늘은 하나뿐이야,
대신 노랑이나 빨강은 어떻겠니?"
눈깔사탕
나를 골라 놓고 나는 또
살아진 막대 생각
볼에서 볼로
받아넘기지 않으면 입안에 돋는
점자블록
막대의 이쪽과
저쪽 끝에 선
스위치

깜빡깜빡 고인 침을 삼키다
부딪히거나
빨대
뒤집어도 그래
지루할 틈이 없다는 것
이제 버려주세요
*Alohomora*[*]
막대의 주문처럼
입에 더 달라붙는 맘이 있는 것처럼

쓰레기통에서 달콤한 냄새가 나


[*] 〈해리포터와 마법사의 돌〉 잠긴 문 또는 자물쇠를 풀리게 해주는 마법 주문.

# 껐다 켜기

누누이 말하지만

여름은 주관식, 멈춘 적이 없는 것처럼 한 번도 고백한 적이 없다는 것을 알기에

한 번쯤 탁, 쳐주거나 껐다가 켜야 하므로

나는 여전히 덥고
선풍기는

아직 뜨겁습니다 버튼이 아무리 많아도
왜 그렇게도 여름을 말하는지

여름은 당신을 여행 중이고 문은 사지로 나 있고 어디로든지 갈 수 있는 사람과
여름은 여름이 아니라서

물이 얼음이 되었군요

서로의 온도와 시간을 받아들이려는 동안

물이 얼음이 되듯이
노을을
켰다 껐다,

반복합니다

지나온 계절은 남은 곳으로 가는 시간
당신에겐 당신의 당신이 있듯이

달콤함은 달콤해지기까지 달콤하지 않으므로

크리스마스를 기다리는 이브와
이브를 기다리나요?

고백한 적이 없다는 말은 고백까지의 고백
껐다, 켭니다

다시는 전원이 들어오지 않을지도 모릅니다

# 사탕 막대로 이루어진 막대사탕


 일자로 뻗었다. 길을 가고 있는데 알지도 못하는, 필요도 없는 지팡이가 손에 착 달라붙는 거였다. 나는 발작적으로 던져버리려 했지만 도리어 나를 내동댕이치는 거였다. 그러니까 내 손목을 꺾은 건 누굴까. 나를 내동댕이치는 힘은 어디서 나온 것일까, 지팡이일까, 나일까, 아니면 다른 무엇이었을까. 화가 날 사이도 없이 아프다고 느낄 사이도 없이 지팡이를 잡고 일어나야 했다. 이런 걸 갑자기라고 부른다면 좀전의 상황을 이해하려고 주위를 둘러보았다. 아무도 없고 지팡이만 나를 바라보고 있는 거다.

 그래 아무 일 없는 거다. 이해되지 않지만 이해하기로 했을 때 그건 아무 일 아닌 게 된다. 나는 애써 가던 길을 가려고 발을 내딛는데 무언가 내 발을 건다. 두 번 세 번 그것도 넘어진 곳에서. 이것도 반복연습이 필요한 걸까. '도대체 내게 왜 이래?' 나는 실성한 사람처럼 따져 묻는다. 이번에도 지팡이는 나를 바라보고 있는 거다. 자신이 할 말을 내가 하고 있다는 듯 물끄러미. 갑자기란 원래 물끄러미가 아닐까 싶을 정도로. 내게 왜 이러는 것일까. 저는 나와 어울리지도, 나는 저를 원한 적도 없는데. 나하고 당신이 무슨 말이나 된다고 생각하느냐 묻자, 그제야 물끄러미는 조금 전에 내가 저를 잡고 일어난 사실을 들먹이며 원한 적이 없다는 말은 자신을 속이는 말이고 어울리지 않는다는 말은 자신을 너무 과신하는 거라고 속삭이는 것이다. 그것도 내 귓가에 대고.

 나는 세게 들이받고 말았다. 내 귓불에 누군가의 입김이 닿으면 소름이 돋고 토할 것 같기 때문이다. 내 머리에 저처럼 오래전부터 뿔이 있었다 하더라도. 찌르려던 것에 찔릴 때가 있는 것처럼. 주먹 같은 것이 머리에 붙었다 싶었을 때. 물끄러미 속삭이는 지팡이에서 나무둥치 뽑히는 듯한 소리를 들었던 것 같다. 가끔은 내가 아닌 순간이 나인 것 같다. 그러나 그게 무엇이든 내 안에 있는 것이지 외부에서 온 것이 아닐 것이다.

 물끄러미는 계속 속삭였다. 처음 자신이 넘어지려는

그때 길을 가는 사람은 나밖에 없었으므로 자기로서도 다른 선택의 여지가 없었다고. 나는 일어나려고, 저는 넘어지지 않으려고. 그렇지만 왜 그이고, 나인가. 그렇다면 나는 나인가. 여지없이 손잡이가 녹고 있었다. 이해할 수 없지만 이해하려는 순간 바람이 자신의 몸을 돌돌 말고 있는 것처럼. 그 자리에 회오리 문양이 만들어지고 있었다. 여지가 여지를 키우는 것처럼. 그 순간에는 언제나 선택의 여지가 없는 것처럼. 무슨 일이 일어난 것인가, 잡았던 기억만 있고 잡으려고 쥐었다 놓았다 하면서 쥐었다 놓는다. 바닥을 잡으려는 바닥에서 스위치를 찾는

# pause pose

움직이지 마세요 턱을 당기고
포즈를 잡아 보세요
포즈엔 포즈가 너무 많아
찰칵,
눈을 감고 말았는데요
가끔은 나도 궁금해서 사진을 찍으면
난관입니다
손을 어떻게 해야 할지
손에게 기분을 묻습니다
시키는 대로
들어보세요 아니 생각이 바뀌면
들으세요,
손이 시끄러울 때
자세가 벽이라는 걸 실감합니다
벽을 기고 있습니다
바닥을 기는 아이가 벽서를 하듯이
온몸으로
자세를 굽고 있습니다

풍경은 한 장면만을 원하지만
혼자서도 열 개의 이름을 가질 수 있어
옮길 때마다 손잡이가 달려
벽에 붙어 사진을 찍습니다
얼핏 주름 같기도 하나의 띠를 겹겹이 두른
배꼽 같기도 하지만
안인 것 같기도
밖인 것 같기도 할 때
잠깐,
다시 한번 포즈를 취해 보세요
들어가 나오지 않는 사람 따라
아직 들어가는 중입니다

## 빙하의 빙하

빙하를 떼어내 물병에 담아 돌아왔다 아침에 일어나보니 빙하는 얼음도 아니고
푸르지도 빛나지도 않았다

여름이었다 다시 물병을 들고

해변에 갔다 다이아몬드라고 불리는
여전히 푸르고 빛나고 있었다 나는 뚜껑을 열고 푸르고 빛나지 않는 것을

돌려보냈다

그리고 다시 빙하를 떼어내 물병에 담아 왔다
이유를 알 수는 없지만 아침을 구별하기는 어렵지 않았다
믿을 수 있을지 모르겠지만

그대로였다

내가 돌려보낸 대로 돌아와 있었지만
물병은 그 물병이 아니었다 물병은

그 물병이었지만

집으로 돌아갈 배가 정해졌다
정해진다는 건 바뀌기 전까지이므로 비행기를 탔다 변한 것 없이

또 버스를 탔는데

버스를 타자 버스는 자유로워지기 시작했다 가방은 흔들리고 가방 속에서 물병도 흔들리고 가방은 움직이지 않고 물병도 움직이지 않았지만

자유롭게 흔들리고 있는 건

빙하의 빙하라고 불러도 될까

# 언더바에서 하이픈


받침 물고 있는 자리마다
버찌가 달리겠구나

체육 시간에 선생님은 다 같이 손을 잡고 큰 원을 만들라 하고 아이들은
남자아이들과 여자아이들 사이에

꼭 나를 끼워 넣었다

앞으로
앞으로
나란히 그리고 옆으로-옆으로

내가 없으면

아이들은 나뭇가지를 주워 와
끝을 잡고 서 있곤 했다

선생님은 다시 아무 말씀도 없었으므로 우리는

홈질을 배운다
두 장의 옷감을 이으려는

나는 바이고

오르락내리락
정글짐의 꼭대기에 오르려는 머리를 위에서 내리누르는 아이가 있었다
말뚝박기

너는 그 하이픈이다

아직 구분되지 않는 가운데가 많아

달_거리 사라지고 달처럼 보인다
언제부터였을까 우유를 소화하지 못한다고 아기는 잠

만 자도 되는 것을
 삼켜서는 안 된다고

 떨어진 자리마다 버찌는
 또 전쟁이겠다

| 산문 |

# 자주는 자주를 만나

장이소

### 흩어진 점

아직도 왼쪽 신발을 오른발에 끼우고 문을 나서지는 않니.

지향은 이미 지향에 있지 않아 지향히고 싶습니다. 사탕을 입에 물고 가는 아이의 명랑함을, 가볍고 가벼움을 지향하며. '그래, 착하지, 그래선 안 돼 안 돼…'라고 말하며 끊임없이 '되기'를 강요하며 어른이 되었다고 어른이라고 생각하지는 않니.

시간의 연장선상에서 나는 어른이어야 하지만 실은 "흩어진 점"[1]이어서 내 안에 자라지 않은 아이가 있는지 몰라.

---

1) 지금, 이 순간에도 '흘러가고' 있는 시간은 사실 연속된 '선'이 아니라 흩어진 '점'이다. -카를로 로벨리 『The order of time(시간은 흐르지 않는다)』(쌤앤파커스).

그래 자주 넘어지고 아무것도 되지 않는다고 자주 울게 되지는 않니. 그런 나를 등 뒤에서 혹은 내 앞에서 아직도 기다리고 있어. 손을 잡아 줄래. 그때 그 아이에게 사탕 하나가 전부이듯이 손잡이가 되어 줄래.

하찮고 사소함을 전부라 여기며 사탕을 물고 막대를 잡고 간다.
네 손을 내가 잡고.

하찮음은 하찮음만이 할 수 있어서 아무도 아무것도 대신 할 수 없을 테니.

강요하지 않을게.
시는 재발견이고 삶은 모르는 것. 그래서 자주, 자주에 들어가는 것이고 자주하는 것이니까.

코끝에서 얼마나 멀리 갈 수 있나
향수를 향수로 쓰고 싶다

온천동 어디쯤 되었을 때였다 차창 너머로 내 이름이 간판에 걸려 있었다

틀릴 수도 있지만

다른 서랍을 열게 하는

우리로 하여 별을 믿게 하시는군요

저 별빛은 나를 향해 오래전에 출발했을 것이다 한 번의 믿음은 얼마나 큰 의심을 샀을까

밤에 비친 별
찬란한 건 믿고 있는 것을 믿고 있는 것이다

사랑하기 전부터 사랑했나
모르는 내가 어김없이 나온다
　　　　　　　　　　　　　-「간판에 걸려 있어」 전문

　내 시에 옹알이가 많은 것 같다. 말을 배워 시를 쓰는 것이 아니라 나는 시를 쓰고부터 말을 다시 배우게 된다. 말을 배울 때 입안에서 말을 굴리고 노는 아기, 말하자면 '자주와 자주', '향수와 향수'는 내게 옹알이와 같은 것이다. 사랑을 모르므로 "사랑하기 전부터 사랑했"듯이 내 의지와 무관 유관 나도 모르게, 나는 옹알이를 하게 되는 것이다. 내 옹알이가 나비가 될까, 언제쯤.

### 이해

한 편만 읽어도 다 읽은 것이다. 다 읽으면 더 읽은 것이다. 더 읽어도 다 읽은 것이라면 다 읽어도 한 편만 읽은 것이라서, 자주 슬픈 영화를 봅니다. 슬픈 음악을 듣고 "슬픔에 가득 차서 항상 기뻐"[2](「자주-적」)합니다. 자주는 안주하고 싶은 나의 삶이고 자주(慈主)이며 탈피하고 싶은 내 주거지, 돌아보면 "입가에서, 꼬리를 끌며 물을 흔드는 잎사귀 하나"(「바나나 함수」), 네 얼굴에 꽃 그림자 졌구나. 저기 흰 목에 햇살이 젖었구나. 그런 아이에게 쥐여 준다. 지금 깨어 있으라고 막대를 잡으라고.

자주야, 왜 자주 하지 않고 자주 하니?
아이는 자주 궁금해. 이해되지 않아, 자주 묻습니다.

'문자 자체의 해독은 부차적인 것'[3], 이해한다는 건 자신만이 그 길을 가는 것이다. 돌아간다 해도 앞으로 걷는 것처럼, 반복해도 반복되지 않는, 따라 해도 따라가지지 않는 자신만의 길일 것이다.

---

2) 고흐의 말.
3) 이해는 모두 자신이 예부터 원래 가지고 있던 것이지 외면적으로 굴러들어 온 것이 아니다. -주자.

강요하지 않을게.

네 맘대로 보고 듣고 생각하고 느낄 테니.

  그래 아무 일 없는 거다. 이해되지 않지만 이해하기로 했을 때 그건 아무 일 아닌 게 된다. 나는 애써 가던 길을 가려고 발을 내딛는데 무언가 내 발을 건다. 두 번 세 번 그것도 넘어진 곳에서. 이것도 반복연습이 필요한 걸까. '도대체 내게 왜 이래?' 나는 실성한 사람처럼 따져 묻는다. 이번에도 지팡이는 나를 바라보고 있는 거다. 자신이 할 말을 내가 하고 있다는 듯 물끄러미. 갑자기란 원래 물끄러미가 아닐까 싶을 정도로. 내게 왜 이러는 것일까. 저는 나와 어울리지도, 나는 저를 원한 적도 없는데. 나하고 당신이 무슨 말이나 된다고 생각하느냐 묻자, 그제야 물끄러미는 조금 전에 내가 저를 잡고 일어난 시실을 들먹이며 원한 적이 없다는 말은 자신을 속이는 말이고 어울리지 않는다는 말은 자신을 너무 과신하는 거라고 속삭이는 것이다. 그것도 내 귓가에 대고.
                                              —「사탕 막대로 이루어진 막대사탕」 부분

"이해되지 않지만 이해하기로 했을 때 그건 아무 일 아닌 게 된다." 나는 "이해하기 위해 이해만이 필요하지 않을 때"(「꿈의 열쇠」)라고 받아 적는다. 그럴 때가 더 많았던 것 같다. 아니라면 그렇게 느끼거나. 그도 아니라면 그렇게 기억하거나.

"의지에 생생한 활력을 불어넣어 주는 것은 표상된 이미지뿐이다."[4]

젖은 개 한 마리가 몸을 턴다. 나비가 고개를 파묻는다. 주먹을 들어 제 얼굴에 난 수염을 가늘게 뽑는다. 멀리서 개 짖는 소리가 들린다. 나는 쉽게 잠들지 못한다. "거울을 움직이려면 거울 속으로 들어가"(「공손한 그레이」) 개의 종류를 바꿔가며 내가 짖는다. 일어나 보니 울음은 깨어 있을 때만 들리는 것이었다. 나비 울음소리가 혹은 개 짖는 소리로.

## 기호와 기호

"세상의 기본 문법에는 포함되지 않지만 그냥 어떤 식으로든 '등장'하는 것이 상당히 많다."[5]

나는 좋아한다, 기호와 기호, 향수와 향수, 사과와 사과, 우리와 우리…, "좋아하는 만큼 싫어지는 것"(「토마토를 연습하는 사과」) 그만큼 중독돼. 쓰디쓰고 말도 안 되게 다

---

4) 발터 벤야민 『일방통행로 사유이미지』(도서출판 길).
5) 『The order of time(시간은 흐르지 않는다)』(쌤앤파커스) -카를로 로벨리 지음.

디단, 꿈으로 된 이름, 구름으로 된 구멍, 비로 이루어진 벽, 상자로 된 공, 시가 된 사람…

자주 꿈속에선 "치마 속에 바지를 입고 있어"(「안개」) 아이는 구멍으로 들여다보길 좋아한다. 좋아하는 이유를 알 것 같다. 구멍은 나를 보여주지 않고 "거기서 보면 바라보는 내가 보이지 않아"(「소음」) 나를 보여준다, 은밀히.

하나는 갇혀 있고 다른 하나는 가둔다 함께 있으면

그게 그거 같기도 한데 한쪽에서 보면 잘 보이는 내가 보이지 않아

뜨려 하면 기리앉고 가라앉으며 하면 뜨는 것이 아마도 나를 물로 보는 것이다

그저 그냥 '바라보기'보다 '찾았다'라고 보면 아주 작은 나는 네가 아니야 물을 물로 보지 못하는 것이

구석은 어느 구석으로 사라진 것일까

주먹을 불끈 쥐고 어디서든 살아내고 싶을 뿐인데 그게 뭐든 이해가 필요하다고

구석구석 차오르는 것이다

한 바퀴를 돌면 한 장의 파노라마를 완성하는 것일까 나는 당신의 밑도 끝도 없는 구멍이 구석구석 마음에 듭니다
— 「아주 작은 발견」 부분

따지고 보면 이 세상에 전혀 무관한 것이 있을까 싶다. 다만 발견하지 못했을 뿐이라는 생각. 그래서 기호는 기호와 가깝다. 내가 좋아하는 嗜好는 내가 모르는 記號를 발견할 것이라는 생각이다. 좋아한다면 관심을 갖게 되고 어떤 방식으로든 찾게 될 것이다. 그건 아마도 우리가 "느끼는 쪽에 더 가깝기 때문"(「자주-지루한 사랑」)이지 않을까. "앞다리라는 게 뒷다리에서 출발하는"(「간섭」) 것이어서 '줄무늬'가 하나로 섞일 수 있듯이 느낀다는 건 가장 논리적인 비논리일 수 있다. "앞다리와 뒷다리 사이"처럼 하나로 움직이지만 가장 가깝고도 먼, 멀고도 촘촘한, 그렇게 넓은 스펙트럼이다. '오늘과 내일'처럼 반복해도 같지 않은 '오늘'인 것이다. 그것이 같고 다름을, 같으면서도 다름을 내 안의 아기가 옹알이를 통해 반복하며 즐기는 이유이지 않을까 싶다. "깨지 않고 걸어 나오는 거울처럼"(「공손한 그레이」).

"변하지 않는다면 그게 무엇이든 밤이 될 수 있겠니"(「방

목」) 가만히 뒤집어 보면 그래서 자주는 한쪽이 더 닳아버린 뒷굽, 숨길 수 없는 밑창을 숨기고 다니는 기울어진 신이고 발이다. "주인의 손잡이대로 액자를 바꾸며"(「꿈의 열쇠」) 노래하는 그림과 같아서 노래하고 노래한다. 있잖아, 멈추지 않아야만 멈춘 것처럼 보인대. 시와 시간과 음악처럼 흘러 흩어져.

입안에서 사탕이 다 녹았다면 이제, 그만 막대를 버릴 것. 아니 원한다면 남은 막대로 '부러움과 부끄러움'(「발현」)을 오가는 사과를 집어도, 자주(自做)하는 두부를 잘라 먹어도 좋을 테지. 그리하여 어제 버린 "쓰레기통에서 달콤한 냄새가"(「자주-의」) 났다면, 났기를. 부디. 그렇다면 할 만큼 한 것이다. 나는 너는 그리고 우리가 우리를.

시인수첩 시인선 102
사탕 막대로 이루어진 막대사탕

ⓒ 장이소, 2025

초판 1쇄 인쇄  2025년 12월  4일
초판 1쇄 발행  2025년 12월 15일

지은이 | 장이소
발행인 | 이인철

펴낸곳 | (주)여우난골
주   소 | 서울특별시 강남구 연주로30길 27. 606호 (도곡동 우성리빙텔)
전   화 | 02-572-9898
팩   스 | 0504-981-9898
등   록 | 2020년 11월 19일 제2020-000328호

블로그 | blog.naver.com/seenote
이메일 | poetmemo@naver.com
홈페이지 | www.nobelk.com

ISBN 979-11-92651-42-2  03810

* 파본은 구매처에서 바꾸어 드립니다.

* 이 시집은 2025년 부산광역시, 부산문화재단 〈부산문화예술지원사업〉으로 지원을 받았습니다.